Comment lire ce livre avec votre enfant

Avec ses dessins tendres et ses grandes images colorées, ce livre a été conçu pour le plaisir et l'éveil de votre enfant.

Au fil des pages, il vous demandera de lui expliquer les images. Les questions que nous avons choisies vous aideront à lui répondre. Votre enfant sera ravi de reconnaître avec vous des situations familières et d'en découvrir de nouvelles.

Pour prolonger l'intérêt de ce livre, vous pouvez vous-même inventer ensuite d'autres questions qui encourageront votre enfant à observer et à déduire.

Questions-Réponses
3/6 ans

Le cirque

Illustrations de Danièle Schulthess
Activités illustrées par Monique Gauriau

NATHAN

LE CIRQUE S'INSTALLE

On n'a jamais vu tant de camions et de caravanes. Le cirque est arrivé ! Venez nombreux ce soir assister au grand spectacle !

À quoi sert la drôle de voiture de toutes les couleurs ?

Elle fait le tour de la ville pour prévenir les habitants de l'arrivée du cirque. À l'intérieur, quelqu'un annonce le spectacle en parlant dans un micro.

Qu'y a-t-il dans les camions ?

Certains contiennent tous les éléments du chapiteau : la toile, les mâts, les bancs.
D'autres transportent les cages des animaux, ou les accessoires nécessaires aux numéros.

Qui vit dans les caravanes ?

Ce sont les artistes du cirque : les clowns, les dompteurs, les trapézistes, les acrobates, le magicien... et toute leur famille. Souvent tous les membres d'une famille font partie du spectacle.

Est-ce que le cirque va rester longtemps ?

Il repartira demain matin vers un autre endroit. Dans les grandes villes, il reste quelquefois deux ou trois jours.

Pourquoi les cirques sont-ils toujours ronds ?

C'est plus pratique pour les spectateurs. Cela leur permet de voir très bien tout ce qui se passe sur la piste.

LE MONTAGE DU CHAPITEAU

Quand le cirque arrive, la première chose à faire est de monter le chapiteau. Quel travail !

Comment le chapiteau tient-il debout ?

On plante de grandes barres de fer dans le sol et on pose la toile dessus, comme une tente géante. Puis on tend la toile et on la fixe au sol avec de grosses cordes.

Qui monte le chapiteau ?

Les monteurs installent les mâts, les piquets et la toile. Ils commencent très tôt et cela dure toute la matinée. À midi, tout est prêt pour que les artistes puissent s'entraîner sous le chapiteau.

Qu'installe-t-on au plafond ?

Les électriciens installent les lumières nécessaires pour bien voir les numéros. On monte aussi les trapèzes et les filets, car dans un cirque, beaucoup de numéros se passent en l'air !

Qu'utilise-t-on pour faire les gradins ?

On installe des planches de bois. Elles serviront de bancs pour les spectateurs pendant la représentation.

Que met-on sur la piste ?

Les garçons d'écurie recouvrent la piste de sciure, faite de petits copeaux de bois. Si les animaux salissent la piste, un coup de balai, et tout est propre pour le numéro suivant !

LA MÉNAGERIE

Dans la ménagerie, les animaux dangereux restent en cage. Les chevaux ou les chèvres, eux, peuvent brouter tranquillement autour des caravanes.

Est-ce que tous les animaux participent aux numéros ?

Pas toujours. Certains, comme le lama, sont difficiles à dresser. Ils sont juste là pour se faire admirer.

Que mangent les animaux ?

Le lion et le tigre se nourrissent de viande. Les éléphants ne mangent que de l'herbe, mais il leur en faut vraiment beaucoup ! Les otaries, elles, préfèrent le poisson.

Qui s'occupe des animaux ?

Le chef de la ménagerie organise les repas et les transports de toute la ménagerie. Les garçons d'écurie s'occupent des chevaux. Les garçons de cage nourrissent les fauves et viennent souvent voir s'ils vont bien.

Les animaux sauvages sont-ils domestiqués ?

Certains sont dressés : ils ont appris à faire des choses précises. Mais ils restent sauvages, et se laissent seulement approcher par les gens qu'ils connaissent bien.

Que fait-on quand un animal est malade ?

Le vétérinaire rend souvent visite aux animaux, et soigne ceux qui sont blessés ou malades.

VIVRE AU CIRQUE

Un cirque est comme un village, où les maisons sont remplacées par des caravanes.

Que font les gens du cirque pendant la journée ?

Pendant leur temps libre, ils s'occupent de leur caravane, se promènent, font la lessive et les courses. Les enfants apprennent leurs leçons et jouent, comme tous les enfants.

Est-ce que toutes les caravanes servent de maisons ?

Pas toutes ! Il y en a une qui devient un guichet pour vendre les billets ; une autre est transformée en bar où les spectateurs viennent boire pendant l'entracte. Une autre encore est le bureau du directeur.

Comment font les enfants pour aller à l'école ?

Comme ils déménagent tout le temps, ils ne peuvent pas aller à l'école comme les autres enfants. Alors des institutrices leur donnent des leçons au cirque. Ils suivent aussi des cours par correspondance : ils reçoivent les leçons et renvoient leurs devoirs par la poste.

Le cirque est-il toujours en voyage ?

Il voyage rarement l'hiver. Les artistes restent dans les grandes villes et préparent de nouveaux numéros, ou font des représentations dans des cirques en pierre ou en brique.

DANS UNE CARAVANE

La caravane est organisée comme une maison, avec des toilettes, une salle de bains... Mais, ce n'est pas bien grand !

Où dort-on dans une caravane ?

La nuit, le salon se transforme en chambre. On peut baisser la table, qui se colle aux banquettes pour faire un grand lit. Les enfants dorment dans des lits superposés au bout de la caravane.

Comment les affaires tiennent-elles pendant les voyages ?

Elles sont enfermées dans des placards, ou bien attachées. Avant de partir, on fait attention à bien ranger tout ce qui est fragile.

Comment fait-on la cuisine ?

Dans la caravane, un coin cuisine est aménagé. Il est équipé de plaques de cuisson, d'un réfrigérateur, d'un évier et souvent d'un four.

Est-ce que les enfants aussi font partie d'un numéro ?

Tout petits, ils ont commencé à apprendre avec leurs parents à jongler, à faire des acrobaties, à marcher sur un fil. Nina monte très bien à cheval. Paul, lui, participe déjà à un numéro d'acrobates.

LA RÉPÉTITION

Les artistes du cirque répètent tous les jours et inventent sans cesse de nouveaux numéros pour présenter le meilleur spectacle possible.

Avec quoi peut-on jongler ?

On apprend avec des balles ou des quilles, mais on peut utiliser toutes sortes d'objets. Certains jongleurs savent même jongler avec des torches enflammées !

Est-ce que c'est difficile d'être magicien ?

Le magicien fait apparaître ou disparaître des choses si vite qu'on croit que c'est magique. Pour réussir ses tours, il doit beaucoup s'entraîner pour faire des gestes très rapides.

À quoi sert le fouet de l'écuyer ?

Avec son fouet, l'écuyer montre aux chevaux ce qu'ils doivent faire. Ils savent ainsi s'ils doivent tourner à gauche, ou à droite, ou se dresser sur leurs pattes arrière...

Qui est le monsieur qui porte une veste rouge ?

C'est le directeur du cirque, un monsieur très important, qui choisit les artistes et les numéros qui vont faire partie du spectacle. C'est lui qui organise les tournées et décide des endroits où le cirque va passer.

Que fait la dame en bleu ?

C'est l'assistante du magicien. Elle prépare les objets et les lui donne pendant le numéro. Elle participe aussi à certains numéros ; quelquefois le magicien l'enferme dans un coffre et la fait disparaître.

DANS LES COULISSES

Attention, le spectacle va bientôt commencer ! Il est temps d'aller s'habiller et se maquiller dans la loge.

Les artistes mettent-ils toujours les mêmes costumes ?

Les costumes sont inventés exprès pour un numéro. Les artistes les portent à chaque fois qu'ils exécutent ce numéro en spectacle.

Où les trouvent-ils ?

Ils les achètent dans des magasins spéciaux, qui ne font que des costumes pour le cirque.

Pourquoi les clowns se maquillent-ils ?

Grâce au maquillage, ils se donnent un visage différent : ils dessinent des larmes sur leurs joues pour avoir l'air triste, ou des sourcils en forme de chapeau pointu pour avoir l'air étonné...

Pourquoi l'un des clowns a-t-il l'air très sérieux ?

On l'appelle clown blanc, à cause de son maquillage. Il joue en effet le rôle d'un monsieur sérieux. L'autre clown est un auguste, c'est lui le maladroit qui fait toutes les bêtises. Il se fait souvent attraper par le clown blanc !

LES TRAPÉZISTES

Tout en haut du chapiteau, les trapézistes s'élancent dans l'air. Les spectacteurs retiennent leur souffle.

Comment les trapézistes montent-ils tout en haut ?

Ceux qui montent jusqu'au trapèze grimpent à la corde, et ceux qui doivent gagner la plate-forme prennent l'échelle de corde.

Que font les trapézistes debout sur la plate-forme ?

Ce sont des voltigeurs. Ils s'élancent de la plate-forme et font des sauts périlleux.

Et l'homme sur le trapèze ?

Il se balance sur le trapèze en faisant le cochon pendu. Il doit arriver au bon moment pour rattraper les voltigeurs par les mains après leurs sauts périlleux.

Pourquoi les trapézistes portent-ils des maillots ?

Les maillots sont élastiques pour ne pas gêner les trapézistes dans leurs mouvements. En portant des vêtements collants, ils ne risquent pas d'accrocher le tissu au trapèze et de rester coincés.

À quoi sert le grand filet ?

C'est un filet de sécurité. Si un trapéziste tombe, il va rebondir dans le filet au lieu de tomber par terre, et il ne se fait pas mal.

LES ARTISTES AU TRAVAIL

Certains artistes n'utilisent presque pas d'accessoires ; ils peuvent faire des choses extraordinaires simplement avec leur corps.

Pourquoi la personne sur le fil tient-elle une ombrelle ?

La personne qui marche sur le fil s'appelle une fil-de-fériste. L'ombrelle l'aide à garder son équilibre et à ne pas tomber.

Est-ce que le clown sait faire beaucoup de choses ?

Pour être clown, il faut bien sûr trouver des idées qui font rire. Mais il faut aussi savoir faire toutes sortes d'acrobaties, et jouer de la musique.

Que savent faire les acrobates ?

Ils grimpent les uns sur les autres sur plusieurs étages, tiennent sur une main en haut d'une pyramide de chaises, font des sauts périlleux sur des trampolines. Certains sont si souples qu'ils arrivent à poser leurs pieds sur leurs épaules : on les appelle des contorsionnistes.

Comment devient-on acrobate ?

On doit commencer quand on est très jeune, et s'entraîner plusieurs heures par jour. Les enfants du cirque s'exercent avec leurs parents. On peut aussi aller à l'école du cirque, une école où l'on apprend les différents métiers du cirque.

LE DOMPTEUR

C'est au tour du dompteur d'entrer sur la piste. Face aux lions et aux tigres, il s'impose et fait claquer son fouet.

Comment les lions et les tigres sont-ils amenés sur la piste ?

On les fait passer de leur cage dans un « sabot », une petite cage sur roues qui les conduit au chapiteau. Là, ils empruntent une autre cage, en forme de tunnel, jusqu'à la piste.

Pourquoi y a-t-il une grande cage tout autour de la piste ?

Même dressés, les lions et les tigres restent dangereux. La cage sert à protéger les spectateurs.

Est-ce que c'est dangereux aussi pour le dompteur ?

Le dompteur connaît très bien les fauves qui font le numéro, et sait les faire obéir. Mais il doit toujours rester très prudent, car un fauve peut toujours attaquer.

Comment dresse-t-on les animaux ?

On commence à dresser les animaux quand ils sont tout petits, parce qu'ils apprennent plus facilement. Pour les faire obéir, on leur donne à manger quelque chose qu'ils aiment. Pour réussir un exercice, ils doivent le répéter très souvent.

LE CIRQUE S'EN VA

Après quelques heures de sommeil, il faut déjà repartir. Le cirque ne s'arrête jamais !

Que font les artistes après la représentation ?

Ils vont se démaquiller et enlever leurs vêtements de scène, puis ils mangent avant d'aller se coucher.

Y a-t-il d'autres choses à faire ?

Les monteurs commencent à démonter le chapiteau tout de suite après la fin de la représentation. On donne à manger aux animaux, puis on remet les cages dans les camions. On prépare tout pour le départ avant d'aller dormir.

Où va le cirque maintenant ?

Il repart vers une autre ville. Demain matin, le chapiteau sera monté ailleurs et le cirque fera la même représentation devant d'autres spectateurs.

Pourquoi part-il pendant la nuit ?

Il y a beaucoup de choses à faire pour être prêt pour le spectacle du soir : le cirque doit arriver dans la prochaine ville tôt le matin pour commencer à monter le chapiteau.

Pourquoi certaines caravanes restent-elles ?

Ce sont les caravanes des artistes, qui partent en dernier. Ils attendent que le chapiteau soit monté dans une autre ville pour arriver et commencer les répétitions.

ACTIVITÉS

Le bonnet de clown

Il te faut :

du carton

de la colle

de la laine

du fil

des ciseaux

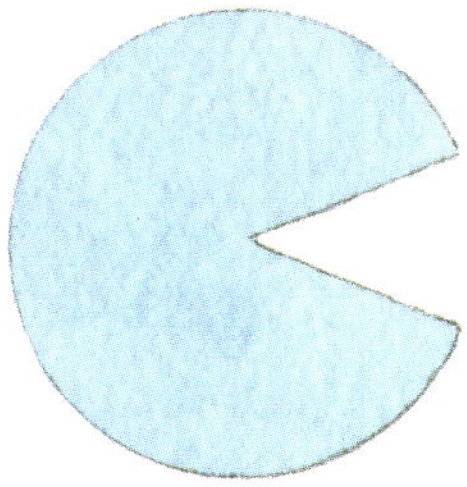

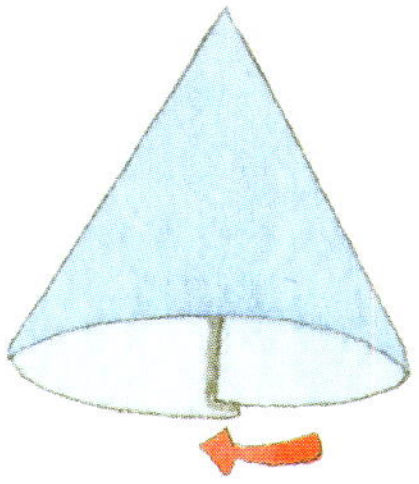

1. Demande à tes parents de découper dans le carton un rond du même diamètre que ta tête.
Découpe une fente jusqu'au milieu du rond.

2. Enroule le carton en forme de cône, puis colle-le. Pour faire les cheveux, colle à l'intérieur des petits bouts de laine. Fais plusieurs pompons de couleurs différentes et colle-les sur le chapeau.

3. Les pompons

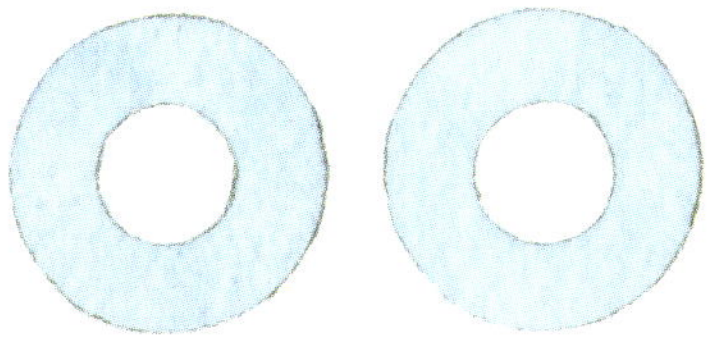

Découpe deux ronds de même taille dans du carton et perce-les au centre.
Pose-les l'un sur l'autre.

Enroule de la laine autour jusqu'à ce qu'ils soient recouverts. Passe un fil entre les deux ronds et fais un nœud.

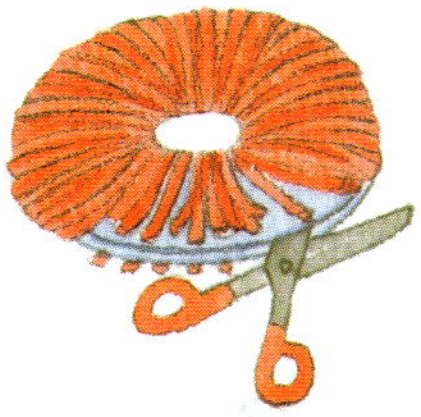

Coupe la laine sur le bord des ronds et retire le carton.

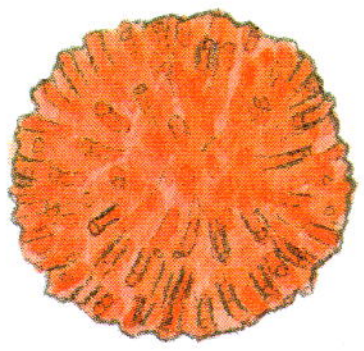

Fais bouffer le pompon.

Le dé magique

Il te faut :

un dé

1. Mets un dé sur ton pouce et tiens-le bien droit, les autres doigts repliés.

2. Passe la main derrière ta nuque, enlève le dé avec tes autres doigts et cache-le dans ton poing.

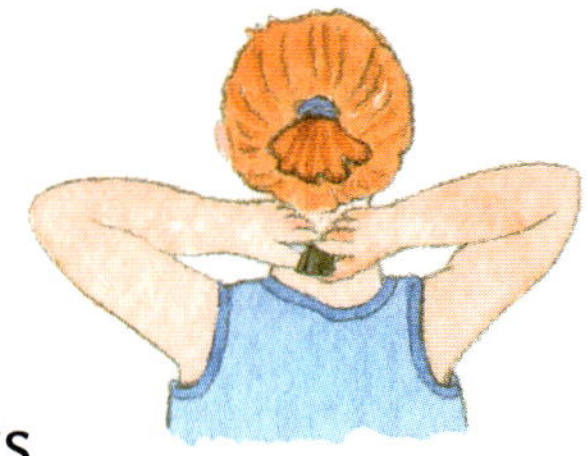

3. Montre ton pouce à tes amis, le dé a disparu !

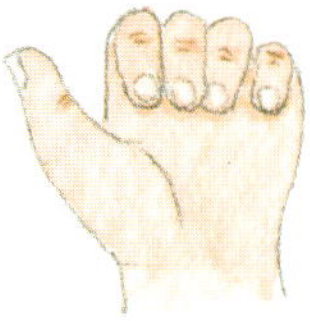

4. Repasse la main derrière ta nuque et glisse à nouveau le dé sur ton pouce.

5. Remontre-le à tes amis.

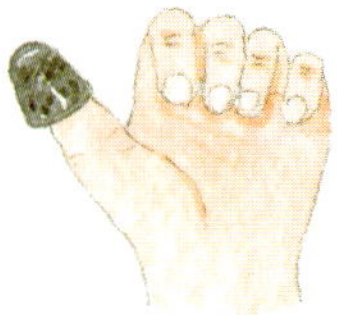

Il est réapparu ! Magique !

Le maquillage de clown

Il te faut :

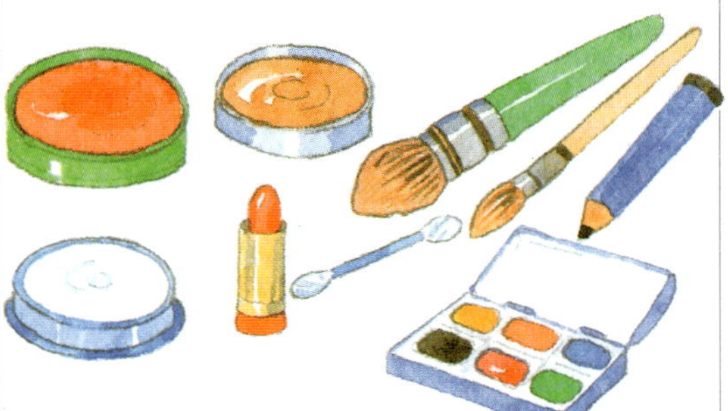

des produits de maquillage non toxiques (Par sécurité, on testera d'abord les produits sur la main pour vérifier l'absence d'allergie.)

Le clown blanc, le clown sérieux

L'auguste, le clown maladroit

N° d'éditeur 10076161 - (IV) - 25 - CSBTS - 170° - Dépôt légal : Mai 2000
Loi n° 49956 du 16 juillet 1949 sur les publications destinées à la jeunesse
Imprimerie Jean-Lamour, 54320 Maxéville – N° 00-03-0090
ISBN 2.09.220427-0
Imprimé en France